Prisões

Juliana Borges

Prisões
Espelhos de nós

todavia

Para Thiago, meu irmão

*O ser humano é descartável no Brasil
como modess usado ou bombril
Cadeia? Guarda o que o sistema não quis
esconde o que a novela não diz*

Racionais MC's, "Diário de um detento"

1. "Quem cala, consente", conhece o ditado? **11**
2. A cria da violência e do racismo:
   De pacíficos não temos nada **14**
3. As prisões são as máscaras contemporâneas **19**
4. A pandemia é uma lupa para os problemas nas prisões **25**
5. E qual alternativa nós temos? **41**
   Considerações finais **49**
   Referências bibliográficas **51**

I.
"Quem cala, consente", conhece o ditado?

[...] *mantido em silêncio como segredo.*

Grada Kilomba, *Memórias da plantação*

O silêncio pode ser compreendido e vivenciado de diversas maneiras. Há os que consideram o silêncio como um processo que abre a possibilidade de reflexão e, com isso, de prospectar saídas diante de dilemas ou mesmo de encontro interior. Há a dimensão do silêncio que é consentimento, abrindo-se duas chaves: um consentimento construído em processo e outro imposto. Mas considero que há, ainda, outra dimensão: a do silêncio como negação contínua diante do que nos assusta, porque pode falar muito sobre nós mesmos.

As duas últimas dimensões articuladas, prioritariamente a última, me vêm à mente quando penso em prisões. Primeiro porque, ao não falarmos das prisões, consentimos com a situação de total desrespeito ao humano vivenciada e reproduzida cotidianamente nesses espaços. Mas, na segunda dimensão, algo se torna mais complexo. Tenho afirmado incansavelmente que as prisões são espelhos da sociedade. Ou seja, refletem todas as brutalidades e violências pelas quais estabelecemos as relações sociais cotidianas e mostram como nossas instituições, de fato, funcionam. A dimensão da recusa, em um sentido psicanalítico, subverte uma dinâmica na qual fazemos do outro o monstro que, em realidade, somos nós. Esse processo, por sua vez, desencadeia uma série de políticas e práticas para controlar, subjugar e silenciar esse outro.

Um instrumento que simboliza essa ação de silenciar o outro no colonialismo, e que permanece latente nas sociedades advindas desse processo, é a máscara. Diversos foram os intelectuais negros que refletiram sobre o uso desse artefato, como Frantz Fanon e Grada Kilomba.

No discurso oficial colonial, a máscara, que selava a boca, significava uma precaução para que os escravizados não comessem a cana-de-açúcar e o cacau produzidos nas lavouras. Mas a função real era outra. A máscara representava o exercício do poder ao tornar o escravizado mudo. Com isso, silenciava e gerava medo nos demais. A máscara é, portanto, um símbolo de silenciamento.

O sistema colonial era baseado no sadismo como política, na dominação e na brutalidade. Mas nada disso ficou no passado. As ferramentas se sofisticaram e a máscara passou a ser a prisão, como espaço de punição direcionada a grupos sociorraciais. O silêncio passou a se instaurar seja pelos mecanismos que impedem as pessoas de conhecer as dinâmicas do espaço prisional, seja pela invisibilidade e criminalização vivenciadas e impostas aos familiares. A sociedade trata a prisão como algo apartado do cotidiano.

Quando falamos sobre prisões, estamos quebrando paradigmas sociais que precisam desse silêncio para manter funcionando as engrenagens de manutenção de desigualdades. Este é o primeiro movimento a ser feito: romper o silêncio.

A boca é um espaço de enunciação. E o discurso personifica e garante existência. Assim, a fala (re)posiciona e garante relação ativa e não mais passiva dos indivíduos e grupos. Lélia Gonzalez, das mais importantes intelectuais negras brasileiras, afirmava que o silêncio sobre contradições fundamenta mitos. A autora se refere às contradições do racismo e do mito da democracia racial. A fala confere ao indivíduo ou ao grupo o status de sujeito na arena do diálogo e, portanto, da política. A fala faz com que estes deixem de ser falados e passem a ser os que falam. Por isso é tão importante romper os silêncios. Por isso é tão necessário falar sobre prisões. Porque precisamos sair do conforto da recusa. Porque precisamos interromper a ideia de que as prisões não são sobre nós. Não falo como uma pessoa que já vivenciou a experiência do cárcere, mas como um alvo prioritário dessa política e que tem conseguido desvencilhar-se dela, ao menos por ora. Falo como uma pessoa que tem amigos e familiares que passaram por essa experiência. Minha perspectiva é, portanto, mais de quem se percebe nessa rede e reconhece no suposto outro a si mesmo. Ao romper o silêncio, não pretendo ser a voz dos que vivenciaram e vivenciam o cárcere. Isso seria arrogante e presunçoso de minha parte e uma demonstração de que pouco compreendo do meu papel no desmantelamento dessa engrenagem. Ao romper o silêncio busco perceber minha responsabilidade. Mais do que isso, busco apresentar questões para que, seja como grupo ou como um todo social, percebamos o quanto isso diz respeito a todos nós, cada qual sob uma perspectiva. Porque precisamos interromper um ciclo de projeção dos nossos medos e do que não queremos no outro. Porque precisamos questionar a ideia de crime como da natureza humana. Porque precisamos nos perguntar o que faz com que certos atos problemáticos sejam considerados delitos e outros não. Porque precisamos duvidar de quem aponta no outro o criminoso. Porque precisamos refletir sobre uma ferramenta que tem se mostrado das mais ineficazes e nos perguntar por que ainda insistimos nela. Porque precisamos do desconforto para pensar possibilidades outras.

2.
A cria da violência e do racismo:
De pacíficos não temos nada

> *Essa representação permite que uma sociedade que tolera a existência de milhões de crianças sem infância e que, desde o seu surgimento, pratica o apartheid social possa ter de si a imagem positiva de sua unidade fraterna, ocultando para si mesma a violência social que a constitui.*
>
> Marilena Chaui, "Brasil: mito fundador e sociedade autoritária"

Já canta a música, popularmente celebrada, que moramos em um lugar abençoado. A ideia de povo pacífico e amistoso é um senso comum dos mais arraigados na sociedade brasileira, de tal forma que pensamos ser elementos de nossa "natureza". Essa percepção nada mais é do que o resultado de uma construção que serviu a um projeto político que nos faz ter uma ideia deturpada e fantasiosa sobre o nosso passado e o nosso presente. Nem fomos pacíficos, muito menos somos amistosos. Nossa história, constituída sob o colonialismo, e inclusive com resistências contra esse sistema, não nega. Nosso presente, imerso e sustentado pela colonialidade, escancara. Nossa sociedade é cria da violência e do racismo.

O processo colonial brasileiro, bem como em outros países das Américas, se deu pela classificação e hierarquização de povos, pelo sequestro de cerca de 5,85 milhões de africanos para serem escravizados apenas no Brasil, pela escravização e genocídio de milhões de nativos, já que a prática de uso de mão de obra indígena passou a ser desencorajada e combatida, inclusive legalmente, apenas no século XVII. Um processo cruel e brutal, sob um sistema de subjugação, dominação e exploração tanto de homens quanto de mulheres de cor, em todos os âmbitos da vida.

As ideias hegemônicas do período colonial, que consolidaram e expandiram um modelo de classificação dicotômica global entre humanos e não humanos, tiveram seu início em sustentações religiosas, de predestinações para a conquista de povos que, "desalmados", precisavam alcançar sua "salvação" pela penitência. Essa punição divina se realizava pelo trabalho forçado nesse "novo mundo" a ser "civilizado". O sistema colonial, portanto, reorganiza a estrutura do trabalho para sua exploração e controle. O trabalho era visto como atividade disciplinadora e civilizatória aos selvagens — mesmo que a intenção jamais tenha sido a humanização dos povos sob a conquista.

Essa perspectiva de um sistema extremamente violento, de exploração e controle como civilizador, impulsionou pensadoras decoloniais importantes a desconfiar e a propor a insurgência a projetos civilizatórios. Um exemplo é a filósofa argentina María Lugones, que afirmou que a modernidade colonial — a colonialidade —, marcada pelos discursos da humanidade e da civilização, encerra dicotomias que categorizam e hierarquizam grupos entre humanos e não humanos. Essa dicotomia hierarquizada tem no homem branco e europeu o paradigma positivo, correspondente universal do humano instituído de poder. Seu par correlato, a mulher branca e europeia, se realiza como o universal do ser mulher. Mesmo destituída de autoridade, ela compõe o ideal hegemônico. Ao "outro", relega-se a imagem do obscuro, que é desumanizado, controlado, explorado e submetido a toda violência. No colonialismo, castigos e punições eram práticas incentivadas, ditas exemplares para impor o medo e construir autoridade. Essa hierarquização por raça, cor e etnia, pelo gênero, pela cultura e pelos territórios, infelizmente persiste de modo reformulado e adaptado.

A violência na contemporaneidade é o pilar de práticas e relações sociais. Ela é um instrumento utilizado pelo Estado de modo constante e, muitas vezes, único da presença estatal em comunidades. Muitos são os debates sobre como conceituar a violência. Mas ela pode ser compreendida como um fenômeno multidimensional, fundacional do país, que perpassa as dimensões físicas, morais, psíquicas e simbólicas em práticas discriminatórias variadas, além de estar enraizada como meio e como linguagem.

A filósofa Grada Kilomba estabelece uma relação direta entre as dimensões da violência e do racismo ao definir este último como uma realidade violenta. Nos anos 1950, o sociólogo Florestan Fernandes, ao realizar um estudo sobre as relações raciais em São Paulo, apresentava as disparidades ocasionadas pelo racismo, decorrentes de um processo reestruturado que havia passado do sistema escravocrata para uma sociedade que se industrializava, desnudando o "mito da democracia racial" brasileira. Em 1977, em seminário na Nigéria, o intelectual brasileiro Abdias do Nascimento fez um discurso em que denunciou que não vivíamos em harmonia racial. O discurso apresentou os emaranhados constituidores do racismo no Brasil. Eles se baseavam em variadas formas de violência, seja em processos de destituição cultural e de invisibilidade da contribuição intelectual, seja da marginalização política e econômica da população negra brasileira. A isso ele chamou de genocídio do negro brasileiro — fenômeno que envolve desde medidas sistemáticas e intencionais para causar morte a grupos raciais até a recusa constante de existência, causando a destruição política, social e cultural de grupos raciais.

Esse mito persistente e entranhado no imaginário brasileiro nos coloca frente a essa contradição de nos acreditarmos pacíficos ao mesmo tempo que ocupamos o nono lugar entre as nações mais violentas do mundo, segundo dados de 2019 da Organização Mundial da Saúde. Com uma taxa de homicídios cinco vezes maior do que a média mundial (30,5 para cada 100 mil), o Brasil fica atrás apenas da Venezuela (56,8 para cada 100 mil), que enfrenta problemas profundos de disputas políticas abertas e violentas.*

De acordo com dados divulgados em 2018 pelo Instituto de Política Econômica Aplicada e pelo Fórum Brasileiro de Segurança Pública, dos mais de 65 mil homicídios ocorridos no ano, cerca de 75% vitimaram jovens-homens-negros.** A taxa de homicídio a cada 100 mil entre jovens negros é de 43,1, ao passo que entre jovens não negros é de dezesseis. Ou seja, tivemos cerca de um jovem negro assassinado a cada 23 minutos no Brasil em 2017.

As mulheres negras não estão a salvo dessa política de morte. A taxa de homicídio de mulheres negras é de 5,3 a cada 100 mil, enquanto a taxa de não negras é de 3,1. Uma diferença de 71%. Em dez anos, as taxas de homicídios de mulheres não negras diminuíram 8%, ao passo que entre mulheres negras apresentaram aumento de 15%. A maioria dessas mulheres foi assassinada depois de passar por outros processos de violência psicológica, patrimonial, sexual ou física e grande parte estava em casa no momento do feminicídio (40%). A maioria delas foi vitimada por arma de fogo (mais de 50%). Além disso, somos o país que mais mata travestis e transexuais no mundo. Segundo relatório da Associação Nacional de Travestis e Transexuais (Antra), 98% das vítimas eram trans de gênero feminino, sendo 80% negras.

---

* ONU, "Brasil tem segunda maior taxa de homicídios da América do Sul, diz relatório da ONU". Disponível em: <https://nacoesunidas.org/brasil-tem-segunda-maior-taxa-de-homicidios-da-america-do-sul-diz-relatorio-da-onu/>. Acesso em: 18 ago. 2020.   ** FBSP e Ipea, *Atlas da violência 2018*. Disponível em: <https://forumseguranca.org.br/publicacoes_posts/atlas-da-violencia-2018/>. Acesso em: 18 ago. 2020.

A violência e o racismo são "emaranhados", para utilizar uma expressão da historiadora Beatriz Nascimento, manifestos de modo explícito ou sutil. O racismo engloba manifestações de ordem estrutural (das estruturas sociais e políticas); institucional (transcendendo o viés ideológico, sendo institucionalizado pelos sistemas de justiça criminal, mercado de trabalho, por exemplo); e cotidiano (manifesto em discurso, comportamento, na construção de um "outro" perigoso e expondo sujeitos cotidianamente). O racismo produz e legitima a marginalização de sujeitos, privando-os, inclusive, do direito à autorrepresentação.

Ao contrário do que muitos, a princípio, acreditavam, a pandemia não produz violências e desigualdades, muito menos racismo. Mas ela explicita essas questões. Precisamos enfrentá-las, descortinar e desmantelar mitos. O desafio é urgente.

3.
As prisões são as máscaras contemporâneas

Não é novidade falar que as ferramentas de punição se transformaram e se sofisticaram na história humana — ao menos ocidental. Em *Vigiar e punir*, o filósofo Michel Foucault apresentou uma genealogia da punição e das prisões. O autor analisa as mudanças e processos pelos quais as técnicas punitivas passaram no decurso histórico, como elas se remodelaram e se reinventaram. Os sistemas de justiça criminal atuais são influenciados diretamente por uma série de transformações políticas e sociais ocorridas nos séculos XVIII e XIX. Até esse período, a prática punitiva se desencadeava a partir de um ato considerado delituoso, como um ataque direto ao monarca. Era um sistema centralizado, no qual as figuras julgadoras representavam o regime monárquico como força absoluta. As técnicas envolviam suplícios e torturas. Os processos penais não se preocupavam com a participação do acusado, que não tinha conhecimento do que transcorria, nem acesso a provas e depoimentos. A confissão era arrancada sob tortura.

Diferentemente do que muitos pensam, a sofisticação veio mascarada de humanização. Foucault aponta que o desenvolvimento de processos produtivos demandava um novo tipo de administração da punição. Assim, as reformas realizadas produziram novos dispositivos de controle.

Ocorre uma reconfiguração da punição, com uma série de técnicas desenvolvidas para dar conta de transformações na organização e divisão do trabalho. Nada disso, portanto, significou ausência de barbárie, mas sim a sua sofisticação.

Quando pensamos em países com histórico de colonialismo, contudo, as questões ganham outros contornos. No Brasil, no período colonial, os espaços punitivos eram improvisados e não havia organização de justiça criminal. As elites eram, fundamentalmente, elites escravocratas. Com o fortalecimento do movimento abolicionista, uma outra organização precisava ser estabelecida. Assim se conformou um novo inimigo penal interno, personificado nas classes populares. E então foi se desenvolvendo a perspectiva, ainda vigente, de que as camadas negras e seus descendentes eram um perigo à propriedade e precisavam ser controladas. Uma nova concepção sobre bens precisou ser formulada, garantindo aos donos de propriedades aquilo que eles consideravam ser seu direito. Daí ganhou força uma tipificação de crime que tomava por violento qualquer ato que considerasse ilegais essas posses. Estabeleceu-se uma sobreposição da propriedade e da posse sobre o direito e a cidadania. Esse tipo de concepção permanece até hoje, quando, mesmo com a garantia do direito à moradia instituído na Constituição Federal, movimentos que questionam propriedades sem uso são criminalizados e energicamente reprimidos. A configuração da pirâmide racial entre os que detêm propriedade e os destituídos dela permanece a mesma.

A Lei de Terras (lei nº 601/18 setembro de 1850) foi sancionada no país no mesmo momento histórico da proibição da comercialização de escravizados. A lei era absolutamente restritiva e concentradora, estabelecendo uma série de barreiras de acesso à terra para ex-escravizados e imigrantes. Com isso outras formas de distinção social e fontes de riqueza foram favorecidas no país, garantindo um ajustamento e acomodação mantenedores de privilégios. Até hoje o Brasil enfrenta problemas de desigualdade social com a concentração de terras.

Muitas mudanças aconteceram, principalmente em adequações do sistema punitivo brasileiro. A primeira Lei Criminal do país data de 1830 e já estabelecia regime diferenciado de penalização entre brancos e negros, mesmo no caso dos negros libertos. O corpo negro escravizado era visto como bem e mercadoria: além do cumprimento de penas nos porões das carceragens, havia a punição na esfera privada exercida pelos senhores de escravos.

Com a Primeira República e as reformas nas leis criminais, a criminalização da população negra atingiu novos níveis com a lei da vadiagem, de 1941, que continuou sendo aplicada, fundamentalmente contra negros e pobres, até há pouco mais de nove anos no país. Essas acomodações dos sistemas punitivos aconteceram em todas as reformulações das leis criminais brasileiras. E sempre de modo a garantir uma sociedade extremamente hierárquica, baseada em privilégios e desigualdades a partir de sistemas raciais classificatórios que construíram subalternidades. Embora não mais abertamente racistas, já que a escravidão enquanto instituição organizadora do Estado e da vida social brasileira foi abolida, esses sistemas deram lugar a outros mecanismos, que foram ativados e executados. A via de regra que jamais perdeu a mão foi a permanência da marginalização das populações negras e indígenas.

Na contemporaneidade, o Brasil está em posição nada confortável entre as nações que mais encarceram no mundo. O relatório *World Prison Brief*, do Institute for Criminal Policy Research,[*] nos posiciona como a terceira maior população prisional do mundo. Perdemos apenas para Estados Unidos e China.

Levantamento do Departamento Penitenciário Nacional (Depen),[**] divulgado em fevereiro de 2020, mostrou que nossa população prisional é composta de 773 151 pessoas. A prisão provisória tem sido aplicada de modo abusivo: 34,7% dos presos

---

[*] ICPR, "World Prison Population List". 2018. Disponível em: <https://www.prisonstudies.org/sites/default/files/resources/downloads/wppl_12.pdf>. Acesso em: 18 ago. 2020.   [**] Depen, "Relatório Infopen". Ministério da Justiça, 2020. Disponível em: <http://depen.gov.br/DEPEN/depen/sisdepen/infopen/infopen>. Acesso em: 18 ago. 2020.

ainda não foram sentenciados. Nesse grupo, um terço dos réus, quando vão a julgamento, não são condenados a cumprir pena. Muitos presos provisórios aguardam julgamento por anos, explicitando a desproporcionalidade no uso da prisão preventiva, além de, não tão explícito assim, a deficiente defesa dos réus, já que, na maioria das condenações, não há recursos. Outro fator de manutenção desse mecanismo é o alto número de prisões em flagrante. Isso ocorre pela atuação ostensiva e focada em resultados das polícias militares e também pela atuação do Judiciário, que mantém essas prisões. Ou seja, o processo se instaura pela prisão e não a partir de investigação. E a definição para o flagrante está totalmente atravessada por questões sociais, raciais e de gênero, tendo em vista o aumento vertiginoso no percentual de mulheres presas no país na última década.

A maioria da população prisional, 64%, é composta de pessoas negras. Isso não significa que pessoas negras cometam mais crimes. Seria simplista fazer essa relação. O que esse dado explicita é um processo de criminalização que recai sobre determinados grupos étnico-raciais. Um exemplo é o comparativo entre varas criminais e juizados especiais. Nas primeiras, 57,6% dos acusados são negros. Nas segundas, que analisam casos considerados menos graves, a representação racial é majoritariamente branca, em um total de 52,6% dos casos. Se nas varas criminais a prisão é praticamente inevitável, nos juizados especiais há maior encaminhamento de penas alternativas.

Pesquisa do IBGE divulgada em 2019 apontou que entre os 10% mais ricos, 70,6% são brancos, ao passo que entre os 10% mais pobres, 75,2% são negros.[*] Entre os cargos gerenciais no Brasil, 68,6% são ocupados por brancos e apenas 29,9% por negros. Na comparação salarial, a diferença racial também é

---

[*] IBGE, "Desigualdades sociais por cor e raça no Brasil". *Estudos e Pesquisas: Informação Demográfica e Socioeconômica*, n. 41, 2019. Disponível em: <https://biblioteca.ibge.gov.br/visualizacao/livros/liv101681_informativo.pdf>. Acesso em: 18 ago. 2020.

determinante para as desigualdades. Entre a população branca, o rendimento médio é quase duas vezes maior que o da população preta e parda. Não seria algo a questionar em um país no qual 55,8% da população se declara negra? Em qualquer pesquisa sobre desigualdades no país — seja da incidência da violência, da cobertura de saneamento básico, do acesso à moradia própria e digna, de cobertura de saúde ou da presença em trabalhos precários —, a população negra será o grupo predominante da base da pirâmide social. Afinal, um processo de marginalização, controle e extermínio "bem" sucedido demanda a consolidação das vidas negras como precárias. As prisões, como máscaras de silenciamento e apagamento contemporâneo, têm um papel de centralidade nas dinâmicas de dominação.

Ocupamos a posição 26 entre os países com maior proporção de pessoas presas a cada 100 mil habitantes, em uma lista com mais 221 países: são 335 presos para cada 100 mil.* Em dados gerais, a maioria está presa por crimes contra o patrimônio, como furto e roubo, totalizando 50,9%. Em seguida, com 20,2%, vêm os presos por crimes relacionados a drogas. E em terceiro lugar, com 17,3%, os presos por crimes contra a pessoa. Mas os dados se modificam se cruzarmos o marcador de gênero. No caso da população prisional masculina, a lógica se mantém. Contudo, entre a população feminina, 50,9% estão presas por crimes relacionados a drogas, 26,5% por crimes contra o patrimônio e 13,4% por crimes contra a pessoa. Entre a população prisional, 51% não possuem o ensino fundamental completo. Contudo, apenas 16,5% têm garantido o direito a atividade educacional e só 19,2% desempenham alguma atividade laboral. Além disso, 55% da população prisional é composta de jovens de dezoito a 29 anos — no conjunto da população, esse grupo corresponde a apenas 21,5%.

* ICPR, op. cit.

Mais do que estatísticas, esses números evidenciam questões urgentes: estamos prendendo nossos jovens, quando deveríamos garantir e impulsionar uma agenda de direitos. Estamos aplicando a prisão como política, em vez de garantir acesso a educação, emprego e renda. As prisões são as máscaras contemporâneas não apenas porque pouco ou nada falamos sobre elas, mas principalmente porque não questionamos seu papel na sociedade. Não se trata de um dispositivo eficaz nem sequer para os que insistem em sua defesa. As prisões são as máscaras contemporâneas porque o sistema continua marginalizando, excluindo, silenciando e mantendo cativos uma maioria de pessoas que, em verdade, têm suas vidas marcadas por negação de direitos. Estamos fazendo das prisões uma política pública. Esse é o problema.

4.
A pandemia é uma lupa para os problemas nas prisões

O chefe da Defensoria Pública do Condado de Tulsa, em Oklahoma, nos Estados Unidos, questionado sobre os impactos da pandemia nas prisões, foi taxativo: "A Covid-19 é uma lupa para todos os problemas do sistema de justiça criminal". Em um primeiro momento, muitos correram para afirmar que a pandemia atingiria a todos. Pode até ser que tenha atingido, apesar de alguns números comprovarem que nem todos. Se há um bom momento para usar o "nem todos" — em vez de fazê-lo quando mulheres apontam machismo ou quando pessoas negras apontam o racismo —, talvez seja agora, para analisar como a pandemia e a Covid-19 têm impacto diferente para diferentes grupos sociais e raciais por todo o mundo.

Muitos relatórios apontaram maior impacto do vírus sobre pessoas em piores condições de moradia e saneamento, por exemplo. Esses fatores dificultam a possibilidade de exercer distanciamento e isolamento social, assim como impactam nos riscos de infecção ou agravamento da doença pela falta de acesso a serviços e estruturas básicas.

Um estudo do Núcleo de Operações e Inteligência em Saúde, da PUC-Rio, confirmou o que ativistas vinham denunciando como possíveis consequências do avanço da pandemia: negros morreram mais por Covid-19 do que brancos.* A despeito da amostra

---

* NOIS, "Diferenças sociais: Pretos e pardos morrem mais de Covid-19 do que brancos, segundo NTII do NOIS". CTC-PUC-Rio, 27 maio 2020. Disponível em: <http://www.ctc.puc-rio.br/diferencas-sociais-confirmam-que-pretos-e--pardos-morrem-mais-de-covid-19-do-que-brancos-segundo-ntii-do-nois/>. Acesso em: 20 ago. 2020.

não representar o total de infectados no país, pelo amplo universo de casos estudados, é possível aferir um padrão para pensar o universo e o mapa que se apresenta no país. O importante nessa pesquisa é perceber que, apesar do vírus não ter intenção política, a ausência de ações coordenadas e as desigualdades de acesso e oportunidades aos serviços públicos e a direitos impactarão de modo diferenciado os infectados, principalmente cruzados os dados de raça/cor. Dos cerca de 30 mil casos graves estudados pelo grupo até maio de 2020, 55% dos negros morreram. Entre brancos, essa porcentagem ficou em torno de 38%. A disparidade permaneceu em todas as faixas etárias, mesmo quando comparados os níveis de escolaridade. Ao cruzarmos as variáveis de raça e escolaridade, a disparidade é tremenda: 80,3% dos negros sem escolaridade morreram, contra 19,6% dos brancos com nível superior. Assim também foi em outros países, como Estados Unidos e Reino Unido. No primeiro, mais do que o dobro de homens negros morreu em relação a brancos a cada 100 mil pessoas (50,2 entre negros e 20,7 entre brancos). No Reino Unido, as chances de um homem negro morrer de Covid-19 eram três vezes maiores do que a de um homem branco.

Mais uma vez, a capa da negação do racismo se fez presente entre muitos analistas. Argumentaram que a pobreza e a falta de acesso a serviços de saúde foram a causa dessas mortes entre pessoas negras e não o fato de serem negras. Só esqueceram de dizer que pessoas negras são pobres porque são negras. Principalmente em países com histórico colonial e num mundo ainda sob a dinâmica da modernidade colonial, que opera classificações raciais para a acumulação e expansão capitalista. A falácia não pode mais ser permitida. É preciso enfrentar os problemas de frente, sair da recusa e negação sobre o racismo presente, insistente e estruturador das instituições e relações intersubjetivas brasileiras.

A partir de uma formulação do historiador Paul Gilroy, a filósofa Grada Kilomba aponta "cinco mecanismos diferentes de defesa do ego branco". Começo por dois deles para ilustrar essa postura persistente de negar que os problemas brasileiros passam pelas heranças do colonialismo e pelas marcas da colonialidade do poder e do ser. A "recusa" é um desses primeiros mecanismos, em que o sujeito não aceita que carrega determinados sentimentos e pensamentos, mas os aponta e os reconhece nos outros. Ou seja, o racismo está sempre no outro. Como quando afirmam que não há racismo no Brasil, mas só nos Estados Unidos, como se essa fosse uma questão importada. Esse tipo de discurso oculta uma ideologia impregnada no Brasil: o mito da democracia racial. As pessoas em constante recusa também negam as conformações históricas de diferentes modelos de racismos estatais implementados pelo mundo. Nos Estados Unidos, o modelo de racismo se executou pela via da segregação racial explícita. No Brasil e em outros países da América Latina, o racismo foi de assimilação, pela estratégia e ideologia da mestiçagem, que buscava mascarar e dirimir possíveis conflitos e tensões, forçando o apagamento de epistemologias e cosmovisões originárias, substituindo-as pela matriz epistemológica moderna colonial. O que tivemos no Brasil foi um discurso mistificador e de integração, enquanto políticas de embranquecimento e marginalização da população negra eram implementadas.

Outro fator importante é a "negação" de determinados sentimentos e pensamentos, como na frase em que muitos pensam quando são apontadas práticas racistas cotidianas: "Não somos racistas". Tanto somos que, em pesquisa realizada pelo Instituto Data Popular em 2014, 92% dos brasileiros afirmaram que há racismo no Brasil. Contudo, apenas 1,3% admitiu-se racista.* Entre os brasileiros adultos, 68,4% já presenciaram um

---

* Geledés, "Brasileiros acham que há racismo, mas somente 1,3% se consideram racistas". *Portal Geledés*, 26 mar. 2014. Disponível em: <https://www.geledes.org.br/brasileiros-acham-que-ha-racismo-mas-somente-1--3-se-consideram-racistas/>. Acesso em: 18 ago. 2020.

branco chamando um negro de "macaco". Mas apenas 12% relataram ter feito algo em relação à agressão que testemunharam. A pesquisa vai mais longe, ao demonstrar que um em cada seis homens brancos não gostaria de ver sua filha casada com um homem negro. Mas as pessoas teriam tanto pudor em se afirmar preconceituosas caso uma pergunta da pesquisa fosse em relação a criminosos?

A construção da figura do criminoso na sociedade brasileira é um processo totalmente atravessado pelo racismo. Mesmo diante da ausência de uma política efetiva de combate à Covid-19 em relação a pessoas pobres — apesar de eu ainda acreditar que a falta de cobranças enérgicas contra o extermínio das populações negra e indígena no país está atrelada aos estereótipos construídos por esses grupos na sociedade —, quando pensamos em prisões, os silêncios são mais do que desprezo, mas sustentação à política de morte em curso nesses espaços durante a pandemia.

Em uma sociedade do controle e do desempenho, na qual a lógica do corpo moldado como disciplinado para a melhor execução do trabalho é a matriz, as prisões são os espaços da massa dos indesejados. São grupos que a colonialidade subalterniza e descarta, os considerados "detritos do capitalismo", como afirma a filósofa Angela Davis. Assim, negros, indígenas, mulheres, mulheres e homens trans e pobres são concebidos como inimigos do Estado penal, e como tal controlados, violentados, aprisionados e exterminados.

Se as desigualdades se aprofundam nas realidades extramuros, nas prisões essas realidades são amplificadas e o contexto de desumanização é intensificado. A situação é dramática. Ainda no início de março, o Conselho Nacional de Justiça aprovou um conjunto de recomendações endereçadas ao Sistema de Justiça Criminal, a Resolução 62 — que foi renovada e estendida. O texto da resolução recorre a decisão anterior do Supremo Tribunal Federal que afirmou um "estado inconstitucional de coisas" sobre os presídios brasileiros. Ora, a máxima instância do Judiciário brasileiro fazer uma declaração forte como essa diz muito sobre a situação dos presídios no momento. Mas as movimentações do Judiciário, na maioria das vezes, têm sido realizadas pelas demandas das entidades e organizações de direitos humanos, que levam a cabo um trabalho constante para que medidas alternativas e ações de prevenção em relação às pessoas em situação prisional sejam tomadas.

Também em março, o ministro Marco Aurélio de Mello já havia sugerido medidas aos juízes brasileiros para evitar o avanço da doença nos presídios: liberdade condicional para presos com idade igual ou superior a sessenta anos; regime domiciliar para presos de grupos de risco; regime domiciliar para gestantes, lactantes e presos que cometeram crimes sem violência ou grave ameaça; substituição da prisão provisória por medidas alternativas para delitos praticados sem violência ou grave ameaça etc. O plenário do STF, logo em seguida, rejeitou as medidas, considerando suficientes as recomendações do CNJ. Ainda em março, o ministro Ricardo Lewandowski determinou que os responsáveis pelos sistemas penitenciários nacional e estaduais informassem quais medidas foram adotadas nas unidades prisionais para conter a pandemia.

Na contramão das recomendações tanto de organismos internacionais quanto do CNJ, a resposta dos estados foi conservadora e longe de medidas óbvias recomendadas. Todos os estados determinaram 100% da suspensão de visitas e de atividade laboral, sendo que alguns suspenderam, inclusive, as visitas de advogados por um tempo. As informações concedidas pelas secretarias estaduais destacaram a intensificação de limpeza, quarentena para novos presos, monitoramento de presos de grupo de risco, distribuição de produtos de limpeza, produção de máscaras, ampliação de vagas, celas separadas para isolamento e equipes de saúde nas unidades. Mas as contradições logo ficaram expostas.

O Alto Comissariado das Nações Unidas, por meio da chefe de Direitos Humanos, Michelle Bachelet, havia se pronunciado sobre o tema, orientando os países para que trabalhassem pela liberação de presos vulneráveis. As preocupações eram a superlotação de presídios e a situação precária desses estabelecimentos.

Até o dia 24 de julho de 2020, 123 269 presos haviam sido confirmados com Covid-19, 8535 observados como casos suspeitos e 1485 óbitos haviam sido contabilizados.* Os cinco países com mais presos contaminados — Estados Unidos, Brasil, Peru, Índia e México — adotaram diversas medidas, como suspensão de visitas, liberação de presos, audiências por videoconferência, alas de isolamento e higienização de presídios. Mas muitos são os problemas, tendo em vista a falta de transparência nas informações e as medidas de maior restrição, quando as recomendações indicavam o contrário. Essas ações transformaram os presídios em caixa-preta e no ambiente "ideal" para a disseminação do vírus.

A falta de uma posição mais enérgica tem mostrado resultados catastróficos tanto para a população prisional quanto para os servidores do sistema penitenciário. A pandemia chegou aos presídios brasileiros quando eles enfrentavam uma série de problemas de infraestrutura, superlotação e de saúde, já que uma epidemia de tuberculose estava em curso. Uma pessoa presa tem 35 vezes mais chances de adquirir tuberculose do que a população em geral.

Ainda em 2019, o Mecanismo Nacional de Prevenção e Combate à Tortura teve todos os seus peritos exonerados. Pouco antes do desmantelamento, diversos eram os diagnósticos que apontavam violações de direitos e as péssimas condições dos

---

* Tatiane Leite Lima Matias, "Covid-19: Painel de Monitoramento dos Sistemas Prisionais". Depen, 31 jul. 2020. Disponível em: <http://depen.gov.br/DEPEN/covid-19-painel-de-monitoramento-dos-sistemas-prisionais>. Acesso em: 18 ago. 2020.

presídios, como a falta de médicos e enfermarias na maioria das unidades prisionais. As precariedades são de toda ordem, em tratamentos médicos paliativos, falta de medicamentos, convívio com esgoto aberto, cortes no abastecimento de água. Essas condições favorecem o surgimento de doenças e aceleram enfermidades pré-existentes. Há mais presos morrendo de doenças tratáveis, como tuberculose, aids, hanseníase e até infecções de pele, do que pela violência no interior dos presídios.

Pelo levantamento que organizações de direitos humanos têm realizado, as taxas de Covid-19 em presídios são cinco vezes maiores do que no restante da população. Entre maio e junho de 2020, houve um aumento de 800% nas taxas de contaminação. Além disso, segundo dados do Conselho Nacional do Ministério Público, 31% das unidades prisionais não possuem cobertura médica. A relação de médicos é de um para cada 687 presos, ao passo que a relação é de um para 460 na população extramuros.

O país desrespeita lei recentemente aprovada (lei nº 13 979/20), que determina uma série de medidas de enfrentamento à pandemia, como exames médicos e testes laboratoriais: até julho de 2020, a testagem da população prisional não chegava a 0,5%. Enquanto víamos as principais orientações para evitar o contágio, as pessoas em situação prisional sabiam que seu caso era diferente. Já de saída, a orientação pelo distanciamento social é impossível de ser efetivada em uma unidade prisional. O Brasil é o terceiro no ranking de nações que mais encarceram no mundo, com uma população de mais de 755 mil presos.

Em artigo recente, mostrei como é absurdo o uso descontrolado da prisão preventiva, com mais de 30% das pessoas em situação prisional composta de presos provisórios.* Mas o cenário ganha contornos mais preocupantes. Ao nos depararmos

---

* Juliana Borges, "A desumanização". *piauí*, jun. 2020. Disponível em: <https://piaui.folha.uol.com.br/materia/a-desumanizacao/>. Acesso em: 19 ago. 2020.

com os dados sobre o total de presos, percebemos uma disparidade étnico-racial em sua representação, sendo 58% deles negros. A maioria das pessoas julgadas em varas criminais é negra. Já em juizados que analisam crimes considerados menos graves, a maioria observada é branca (57,6% e 52,6%, respectivamente). A despeito da conclusão fácil, de que esses números reflitam maior incidência de crimes cometidos por pessoas negras, não há dados que comprovem isso. Os poucos dados sobre os perfis dos réus apontam que, em crimes como roubo e furto, em estados como São Paulo, a maioria é de réus brancos. O que se construiu historicamente foram estereótipos, ou melhor, imagens de controle sobre homens e mulheres negras, a partir do sistema de classificação racial. As imagens discriminatórias de homens e mulheres negras como pessoas agressivas e com grande apetite sexual, por exemplo, acarretam políticas e relações cotidianas que lhes negam direitos, como o de proteção, e nas quais a linguagem da violência é aceitável. Nesse sentido, políticas de controle e extermínio se configuram para "aplacar" os inimigos penais da sociedade. E se são criminosos, o senso comum se conforma para permitir que sejam submetidos a todo tipo de abuso e tortura.

Assim a sociedade percebe as prisões. Não como espaços de privação de liberdade, conforme previsto na Constituição Federal e nas configurações do ordenamento jurídico brasileiro. Nem mesmo os defensores da manutenção das prisões como ferramentas de mitigação de conflitos conseguem explicar por que esse dispositivo se exacerba no exercício do poder e do controle — como já vimos com o uso abusivo das prisões preventivas, das definições de penas atravessadas por critérios subjetivos — e tem na violência a única gramática atuante.

O abandono ao qual as pessoas em situação prisional estão relegadas durante a pandemia, mais do que uma amostra, é uma comprovação desse senso comum agindo como ordenamento das relações sociais no país. Em junho de 2020, mais de duzentas entidades se reuniram para denunciar o Brasil à Organização das Nações Unidas (ONU) e à Organização dos Estados Americanos (OEA) por negligência à situação dos presídios na pandemia.

O documento denuncia a ausência de informações sobre os presos, solicita o questionamento ao Estado brasileiro sobre a falta de medidas para controlar o crescimento da doença no sistema prisional e demanda um pronunciamento público sobre as políticas que têm acelerado "práticas de desaparecimentos forçados, sem responsabilização pelas mortes". A representação é assinada por entidades de destaque no debate público brasileiro, como a Agenda Nacional pelo Desencarceramento, Confederação Nacional de Bispos do Brasil (CNBB), Instituto Terra, Trabalho e Cidadania (ITTC), Justiça Global, Conectas Direitos Humanos, peritos do Mecanismo Nacional de Prevenção e Combate à Tortura, Instituto Brasileiro de Ciências Criminais (IBCCrim) e Pastoral Carcerária.

Uma das principais questões apresentadas por essas entidades foi a liberação de presos pertencentes ao grupo de risco e que não representariam perigo à sociedade por não terem cometido crimes violentos. De março até julho, apenas 4,4% dos presos enquadrados no perfil foram liberados. Em levantamento realizado pela Globonews no primeiro semestre de 2018 — focado em dados de São Paulo, mas que servem de parâmetro por ser esse o estado com a maior população prisional do país —, ficou demonstrado que 61% (39 495 de 65 071) dos presos em flagrante não haviam cometido crimes violentos, apenas 12,1% haviam cometido roubo e só 1,5% era suspeito de homicídios. A quantidade qualificada pela tipificação dos crimes era de 21 702 presos por tráfico, 13 532 por furto, e 4191 por interceptação. Esses números demonstram uma realidade na qual incentivamos um tipo de policiamento focado em crimes menos importantes, inclusive, para a maioria da população que se vê mais ameaçada pela violência (homicídios e roubos). As prisões por tráfico são focadas no varejo da economia das drogas, o que não impacta em nada nessa rede e dinâmica. Os governos têm priorizado prisões em vez de investigações. Com o foco em processos eleitorais, a temática da Segurança Pública é tragada pela dinâmica da política eleitoreira, com pouco efeito sobre as dinâmicas de violência nos estados. Temos priorizado um modelo ostensivo e incentivado a militarização, com homens fardados nas ruas, mesmo que isso também os exponha em muitas operações. Enquanto isso, a investigação, o investimento em perícia e nas polícias civis têm diminuído constantemente.

Alguns podem dizer que a liberação de presos impactará em aumento da criminalidade extramuros. Mas os dados apontam o contrário. Após esse tímido processo de liberação de presos, as taxas de retorno ao sistema prisional ficaram na média de 2,5%.* Em contextos anteriores à pandemia, entre 2015 e 2019, essas taxas eram, na média, de 42,5%.**

A situação é tão aviltante que uma juíza determinou a interdição do presídio Central de Porto Alegre, o maior do Rio Grande de Sul, por quinze dias. A decisão foi tomada após a constatação de que o presídio não possui local para atender presos com Covid-19 (com isolamento e medicação). A unidade é composta de uma estrutura de pavilhões com galerias em que mais de trezentos presos ficam recolhidos sem separação de celas.

Segundo dados do Depen divulgados no dia 24 de julho de 2020, o número de testes na população prisional não passava

---

* Felipe Pontes, "Em quatro estados, 2,5% de soltos na pandemia voltaram a ser presos". Agência Brasil, 22 jun. 2020. Disponível em: <https://agenciabrasil.ebc.com.br/justica/noticia/2020-06/em-quatro-estados-25-de-soltos-na-pandemia-voltaram-ser-presos>. Acesso em: 18 ago. 2020.   ** CNJ, "Reentrada e reiterações infracionais: Um olhar sobre os sistemas socioeducativo e prisional brasileiros". 2019. Disponível em: <https://www.cnj.jus.br/wp-content/uploads/2020/01/Panorama-das-Reentradas-no-Sistema-Socioeducativo.pdf>. Acesso em: 18 ago. 2020.

de 30 mil. Naquela data, já havia 72 óbitos, 2811 casos suspeitos e 9999 casos confirmados de Covid-19. Pelo Boletim do CNJ, divulgado um pouco antes, em 20 de julho de 2020, o número de óbitos entre servidores do sistema era de 65, com 5113 casos confirmados. A maioria de casos, tanto entre detentos quanto entre servidores, se concentra no Nordeste (30,4% entre presos; e 43% entre servidores).

As entidades representativas dos agentes penitenciários também denunciam uma série de precariedades no exercício do trabalho. Faltam equipamentos de proteção individual (EPIs). Foram encontrados tubos de álcool em gel com porcentagem de agentes não condizente com as especificadas para desinfecção, além de muitos casos de escassez do produto. Faltam máscaras para plantões extensos, além de água e sabão suficientes para a higienização. Em todo o sistema prisional, são cerca de 110 mil agentes penitenciários. Segundo levantamento da Fundação Getulio Vargas, apenas um terço dos agentes afirmaram ter recebido EPIs e uma fração ainda menor, de 9,3%, se disse preparada para lidar com a pandemia. Os sindicatos denunciam a baixa testagem entre os agentes.

No sistema socioeducativo, a situação também é preocupante. Segundo dados colhidos pelo CNJ, já são 1740 casos confirmados entre servidores e 616 entre adolescentes. Todos os óbitos foram de servidores: dezesseis casos. O aumento no número de casos, em apenas trinta dias, foi de 80,2%. A Unicef lançou nota demonstrando preocupação com as medidas de prevenção a Covid-19 relacionadas a adolescentes e crianças privadas de liberdade.* O documento faz várias recomendações, entre as quais evitar o aumento da internação e detenção de crianças e adolescentes durante o surto da Covid-19; não

---

* Unicef, "Nota técnica: Covid-19 e crianças e adolescentes em privação de liberdade". 2020. Disponível em: <https://www.unicef.org/brazil/media/8466/file/covid-19-e-criancas-e-adolescentes-em-privacao-de-liberdade.pdf>. Acesso em: 18 ago. 2020.

utilizar medidas de emergência de forma a restringir ou suprimir ilegalmente direitos das crianças e adolescentes; dar cuidado especial a adolescentes de grupos vulnerabilizados, como LGBTQI+, meninas e indígenas; priorizar crianças e adolescentes para a liberação imediata; eliminar multas, reduzir queixas e internações; priorizar medidas não privativas de liberdade e programas de reorientação; e emitir indultos abrangentes. Para os juízes, o documento recomenda considerar as consequências à saúde de qualquer medida relativa ao sistema socioeducativo.

No caso do sistema prisional, a ONG Conectas Direitos Humanos apresentou cinco medidas urgentes para prevenir a disseminação da Covid-19. Já vimos que várias delas têm sido sistematicamente desrespeitadas, mas convém repetir:

1. Redução da população carcerária, levando em consideração que mais de 30% dos presos do sistema são provisórios;
2. Cuidados com a saúde física;
3. Cuidados com a saúde mental. A taxa de mulheres que se suicidam no sistema prisional é de mais de 20%. Assim, compartilhar informações sobre a doença, garantir contato com familiares são medidas importantes;
4. Direito a aconselhamento médico, psíquico e assistência jurídica;
5. Conversas por videoconferência ou telefone e uso das tecnologias como alternativas para garantir comunicação e informação.

Em maio, diversas organizações de familiares e de direitos humanos denunciaram o fato de presos estarem escrevendo cartas de despedida a seus familiares em razão do medo de contrair a doença. Isso evidencia outras violências sobre a fala dos presos.

Em junho de 2018, foi lançado o relatório *Vozes do cárcere*, uma sistematização de cartas enviadas pelas pessoas privadas de liberdade à Ouvidoria Nacional do Sistema Penitenciário, com o objetivo de realizar o mapeamento de demandas e narrativas sobre o cárcere.* A análise partiu de um universo de 8818 cartas que chegaram ao Depen em 2016. A maior parte dos que escrevem tem entre trinta e 59 anos, dado que chama a atenção tendo em vista que a maioria da população carcerária, 55%, é composta de jovens entre dezoito e 29 anos. Das 1418 unidades prisionais no país, apenas 610 tiveram cartas arquivadas pela Ouvidoria Nacional do Sistema Penitenciário. A maioria são solicitações de indulto, comutação de pena e assistência jurídica. Contudo, um dado importante sobressai: cerca de 12% das cartas pedem informações referentes a outras cartas anteriormente enviadas. Entre as denúncias, estão queixas sobre o não cumprimento da Lei de Execução Penal, sobre falta de assistência jurídica e de acesso à saúde e educação. Há ainda denúncias sobre o não cumprimento do Código de Processo Penal e sobre a superlotação das unidades prisionais.

Muitas reflexões podem ser extraídas desse importante relatório. O fato que mais me chamou a atenção, porém, foi mais uma violência praticada pelo sistema penitenciário em relação às pessoas em situação prisional. Uma questão que invade a esfera simbólica da existência daqueles indivíduos, uma obstrução a um direito fundamental humano: o da expressão. Não uso aqui a questão da comunicação apenas, porque compreendo que essa obstrução violenta é bem mais ampla, ao dificultar e barrar a possibilidade de reflexão, expressão e, até mesmo, algo básico do ser humano, como demonstrou o professor Antonio Candido, efabulação.**

A privação de liberdade tem significado a negação de uma série de direitos, além da precarização intensificada da vida. O sociólogo Pierre Bourdieu apontou que a precariedade

* Thula Pires e Felipe Freitas (Orgs.), *Vozes do cárcere: Ecos da resistência política*. Brasília; Rio de Janeiro: PNUD; PUC, 2018. ** Antonio Candido, "O direito à literatura". In: *Vários escritos*. 5. ed. Rio de Janeiro: Ouro sobre Azul, 2011.

desestrutura a existência e degrada toda a relação dos indivíduos com o mundo "e, como consequência, com o tempo e o espaço". As dificuldades para a expressão desses indivíduos, portanto, se apresentam por meio desse processo de precariedade à qual esses corpos são submetidos. Há falta de papel, caneta, censura e vigilância do presídio em relação ao conteúdo das cartas. Mas, como afirma o próprio relatório, enviar cartas às instâncias e aos familiares é direito previsto no inciso XV do artigo 41 da Lei de Execuções Penais. Diversas cartas apresentaram carimbo da administração penitenciária local no corpo do texto, demonstrando uma triagem. Tais obstáculos precarizam essas existências ao impor uma série de dificuldades no percurso das cartas. Se há falta de papel, caneta, censuras, quantos mais quiseram falar com seus familiares sobre suas angústias diante da pandemia e foram silenciados? Podem os aprisionados falar?

Um estudo da Fundação Getulio Vargas evidencia esses silenciamentos, tanto de pessoas presas quanto de seus familiares.* A pesquisa escutou 1283 familiares, a grande maioria mulheres. Sete em cada dez famílias apontaram não ter qualquer informação sobre seus familiares presos durante a pandemia; 54,1% estão preocupadas com a saúde dos presos; 42% têm medo do parente estar infectado; 56% não sabem se o familiar tem acesso a itens básicos de higiene e proteção; 96% afirmaram não ter recebido qualquer suporte da Secretaria de Administração Penitenciária do estado.

E por que nosso silêncio sobre essa situação de óbvio desrespeito a direitos básicos, como o da informação? Continuaremos dando sustentação a essa política?

---

* Giordano Magri et al., *A pandemia de Covid-19 e os familiares de presos no estado de São Paulo: Nota técnica*. São Paulo: FGV, 2020. Disponível em: <https://static.poder360.com.br/2020/07/rel04-familiares-presos-covid-19--depoimentos-v3.pdf>. Acesso em: 18 ago. 2020.

Se a pandemia não cria os problemas, é bem verdade que ela tem escancarado o que tanto quiseram escamotear sobre as desigualdades brasileiras, enquanto vemos o aumento do desemprego no país, o recuo da economia, empreendimentos sendo fechados e sonhos deixados para trás. E quem fala sobre os invisibilizados? Quem se posiciona diante do exercício concomitante às nossas existências de negação de integridades? Esse silêncio ensurdecedor diz muito mais sobre nós do que podemos imaginar. Muitos de nós protestam contra pessoas que resolveram dar festas e ir a shoppings em plena pandemia. Como podem importar-se tão pouco com a vida? Mas a maneira como tratamos pessoas presas, que muitas vezes não demandam tratamento diferenciado, mas apenas seus direitos respeitados, nos dá o aporte para compreender que a banalização da vida tem sido uma narrativa corriqueira, um exercício cotidiano das relações sociais. Já somos um dos países mais perigosos do mundo, em que mais de 60 mil pessoas são assassinadas por ano, o país que mais mata mulheres trans, o país em que mais policiais morrem e matam, e já não nos importamos. Há um ponto em comum entre a maioria de presos, a maioria de assassinados e a maioria de mortos pela Covid-19: os negros. E isso não é uma coincidência, isso não é obra do acaso, mas parte de uma política de extermínio do Estado que é executada sob diversas facetas todos os dias.

Não nos enganemos sobre esse processo. As prisões não são espaços apartados de nós, mas parte da sociedade, impactando diretamente a vida de pessoas presas, de seus familiares, as dinâmicas de territórios e, principalmente, nosso modo de valorar a vida em sociedade. Como aponta o filósofo Frantz Fanon, para desumanizar o outro é preciso que o processo de brutalização aconteça também em quem brutaliza. Nenhum de nós está incólume ao que vem acontecendo nas prisões, nem antes da pandemia, muito menos durante. Não há escapatória. A menos que decidamos dar um basta. Se a pandemia é momento de intensificação de precariedades, podemos pensar que é também amplificadora de tensões e conflitos. Em vez da fantasiosa ideia de que somos pacíficos, é preciso adotar outra atitude se acreditamos que é possível e desejável, como eu acredito, construir processos que caminhem para mais direitos e mais democracia. E como podemos começar, quando o tema são as prisões?

5.
E qual alternativa nós temos?

Como podemos pensar alternativas a esse processo desenfreado de aprisionamento e punição? Em geral, quando pensamos em prisões, e são poucas as vezes, não conseguimos vislumbrar qualquer possibilidade que não seja sua permanência para a resolução de conflitos. A defensiva é de que outras propostas seriam utópicas. Mas a manutenção das prisões não tem entregado o que promete: diminuição da criminalidade. Nenhuma comunidade se sente totalmente segura, mesmo que cada vez mais prisões sejam construídas.

Nos recusamos a falar sobre isso. A filósofa Angela Davis, defensora da abolição do sistema prisional, afirma que a recusa em lidar com esse problema se deve à percepção de que qualquer um de nós pode se tornar um detento. Assim, essa recusa se alia a um processo de negação e pensamos as prisões como algo para outros, algo totalmente apartado de nós. Ao fazer isso, delegamos responsabilidades que também são nossas. É também o que vemos diante das pesquisas que indicam que a maioria imensa da população acredita existir racismo no Brasil, mas menos de 2% se assume racista. Ou seja, o problema não somos nós, mas o outro.

Mas quais questões nos levam a outros processos de mediação e resolução de conflitos?

É importante não começar pensando em substituições à prisão, como se houvesse uma forma isolada e única de solucionar conflitos. Esse é um bom começo para ampliar o leque de alternativas. A necessidade de pensar fora da caixa sobre prisões, seus formatos e se são realmente necessárias, bem como outros modelos de justiça, é premente.

Precisamos nos perguntar: como chegamos até aqui? Os sistemas punitivos são exemplos interessantes para enxergar mudanças e refinamentos das estruturas de dominação brasileiras. Nas Ordenações Filipinas, os escravizados eram meras mercadorias sem regulação ou ingerência do Estado ao que se considerava propriedade. Na primeira Lei Criminal, de 1830, com o regime escravocrata ainda vigente, havia formas diferenciadas de penalização entre os "livres", "negros libertos" e negros escravizados. Nos Códigos Penais subsequentes, de 1890 e 1940, já havia o deslocamento de uma criminalização direta para uma criminalização da cultura e dos costumes. Porém, sempre com garantias de controle da população negra.

Há uma relação direta entre as raízes de sistemas prisionais, a criminalização excessiva de atos indesejáveis e a servidão ou a escravização. Estados Unidos, China, Brasil e Rússia, as nações com as maiores populações prisionais do mundo, têm em sua história relações profundas com as instituições da escravidão e da servidão, em variados formatos. Essas instituições demandam sociedades hierárquicas e piramidais, com grandes distâncias sociais. Esse processo de distância social cria todas as condições para uso intensificado e massivo de sistemas penais, da punição como forma de "resolução" de conflitos.

Em seus processos de industrialização e modernização, ou adequação à modernidade, essas sociedades têm privilegiado o sistema penal como alternativa a sistemas de seguridade social. Assim, os sistemas penais indicam qual tipo de sociedade é constituída nesses países. Pelo completo desligamento de qualquer relação com as culturas originárias, pelos processos de adequação globais, de destruição de relações comunais, a interação entre indivíduos que comporiam essas comunidades fica cada vez mais distante. Com isso, cada vez mais atos indesejados são tipificados como crimes e, portanto, a tentativa de resolução de conflitos acarreta mecanismos penais em vez da busca por mediações e alternativas. Essa hierarquização e distanciamento favorecem modelos de justiça verticalizados, com padronizações, regramentos gerais e limitações ao que pode ser considerado relevante em um processo, gerando situações propícias ao punitivismo.

A modernidade e a colonialidade se retroalimentam, se organizam pela distância social, pela classificação e categorização, pelo binarismo e dicotomização da sociedade. Nesse sentido, a lei penal combina de forma perfeita com a modernidade, já que trabalha com a dicotomia "culpado/inocente", sem mediações, sem contextos. Esse cenário intensifica as ideologias em que determinados grupos, os subalternizados, serão os indesejados, os inimigos penais prioritários a serem controlados, encarcerados e, ainda, exterminados.

Na sociedade brasileira, o racismo, enquanto processo histórico e político, categoriza como classes perigosas os negros e os indígenas. Na contemporaneidade, podemos ampliar a categoria de "não brancos" pensando nas consequências das migrações de latinos e na criminalização imputada a eles, também pela hierarquia racial. A imagem e a representação do corpo negro diaspórico desumanizado e animalizado, tido como o que deve ser controlado, constituídas e reafirmadas por diversos processos ideológicos, fortalecem a ideia de que esses são corpos tendenciosamente criminosos. Com isso, a criminalização — o controle pela punição e pela inflição da dor — é uma constante, uma política sistêmica. As prisões são as instituições para essa punição, alimentadas por um sistema de justiça criminal totalmente atravessado e constituído por modelos e sistemas de dominação e manutenção de poder.

Alguns pontos são importantes para pensar alternativas. Primeiro, teríamos que decolonizar nossa ideia sobre os direitos humanos. Esse modelo pelo qual pensamos os direitos humanos tem falhado fragorosamente em nossas sociedades. É um modelo baseado na defesa da universalidade, em ideários como liberdade, segurança e dignidade a partir da consideração de uma única natureza humana possível e válida. O centro dessa narrativa, de onde parte esse discurso, é o homem, branco, europeu, heterossexual e cisgênero, que se constitui por uma capa salvacionista para sustentar processos civilizatórios que, em verdade, intentam processos de dominação, apagamento, aculturação e dizimação de culturas e sociedades. Esse ponto parte de reflexões da intelectual Thula Pires, que apontará a decolonização desse modelo de direitos humanos como um processo de constantes desafios às noções de universalidade e aos valores ocidentais como únicas possibilidades e visões de mundo válidas.

Como segundo elemento, teríamos que repensar como compreendemos "crime", desnaturalizando o que é, em verdade, um fenômeno pensado e criado por nós. O sociólogo Nils Christie, defensor de um direito penal mínimo, elabora a seguinte pergunta: "O que está por trás da elevação ou da diminuição de condutas genericamente vistas como indesejadas ou inaceitáveis?". É fundamental a reflexão sobre como é definido o crime, quem é criminoso e como essas ideias se consolidam em nossas sociedades.

O conceito de crime não é algo permanente, estável ou natural, mas funcional e relacional. Ou seja, o conceito de crime e os atos inaceitáveis criminalizados mudam de sociedade para sociedade. Assim, o conceito de crime abarca um imenso espectro de condutas e de pessoas. É um conceito aberto, o que torna fundamental pensar sobre seus usos e os processos que o consolidam. Como afirma Nils Christie, "atos não são, eles se tornam".

O crime é uma construção social, uma série de condutas que podem ser entendidas e enfrentadas de diversas formas. Alguns poderão argumentar sobre as estatísticas de criminalidade. Contudo, elas apenas representam o que é visto, registrado e enfrentado como crime em uma sociedade. Não se trata de relativizar atos que podem ainda ser considerados inaceitáveis, mas de focar nos processos, no que confere significado ao crime. O que temos visto é o uso político do crime e da criminalização como respostas fáceis e superficiais, principalmente em sociedades profundamente desiguais. Em estruturas estatais enfraquecidas, com instituições de baixa credibilidade, os debates em torno da esfera jurídica e de um suposto combate ao crime ganham relevância. Um debate, como podemos atestar observando nosso próprio país, totalmente permeado por valores.

As disputas em torno de uma guerra ao crime organizado ganham centralidade nas agendas políticas, com propostas cada vez mais severas. Um Estado enfraquecido não terá outra postura senão uma luta contra o crime pela imposição, pela força. Daí as saídas militarizadas de territórios e comunidades onde estão as populações e grupos considerados perigosos, os inimigos penais a serem controlados e exterminados. O que se vê fortalecida é uma falsa relação entre bem-estar e punição, invertendo a lógica de que o bem-estar se alcança com uma forte política de direitos.

Não à toa, portanto, a guerra às drogas está neste contexto como a narrativa que acelera e aprofunda o superencarceramento no Brasil. É uma guerra que ocorre cotidianamente em diversos territórios negros e periféricos e atua apenas na ponta da economia das drogas. O mercado de drogas mantido na ilegalidade não nos permite visualizar todas as suas ramificações e extensões, além de colocar em risco, inclusive, instituições, já que se move e se mantém corrompendo estruturas.

A guerra às drogas tem sido utilizada como narrativa de defesa do bem-estar das comunidades que sofrem diretamente com os impactos das violências decorrentes desse processo. Parece necessário afirmar o óbvio, como faz a Iniciativa Negra por uma Nova Política sobre Drogas: não se guerreia contra substâncias, mas contra pessoas. Como afirma a pesquisadora estadunidense Michelle Alexander, essa guerra não se estabelece contra supostas drogas perigosas, mas com enfoque em drogas leves, em pequenas apreensões. Em 2015, o Instituto de Segurança Pública divulgou pesquisa em que ficava demonstrado que 75% dos casos de apreensão de maconha no Rio de Janeiro não apresentavam volume da substância maior do que 43 gramas. A maioria das penas estabelecidas aos presos por tráfico são de menos de quatro anos, sendo possível o cumprimento das sentenças em regime aberto ou em punições menos restritivas, nos casos de pessoas que não sejam reincidentes nem membros de organizações criminosas. E qual seria a lógica em manter esse padrão de encarceramento quando esse processo tende a fortalecer as organizações que comandam o tráfico, dado que elas surgiram no interior do sistema prisional?

Estamos em um país constituído sobre estruturas de opressão e dominação que têm seus fundamentos nas questões de classe, raça e gênero. Como podemos pensar o processo que consolida como crime o uso e a comercialização de determinadas substâncias e de outras não? A despeito do que possamos acreditar, o Brasil é vanguarda nas políticas proibicionistas. Em 1830, o Rio de Janeiro tinha uma lei municipal que proibia a maconha porque a substância era associada aos escravizados. Na República, a proibição apenas se refinou com a criminalização de elementos culturais da população negra e do uso do "pito do pango" (o nome da maconha na época). O "pango", aliás, era apontado no discurso dominante como droga que potencializava a "natureza criminosa" dos negros e poderia servir de instrumento de vingança contra os brancos. Esses argumentos foram utilizados na Liga das Nações, em 1925, na qual o Brasil e o Egito defenderam a criminalização da maconha.

Já na era Vargas, um decreto passou a penalizar usuários e traficantes, mas que só se estabeleceu com força de lei em 1940. Apenas em 1976 passou-se a distinguir o traficante do usuário, conforme lei que vigorou até 2002, com poucas alterações. A partir de 2006, os usuários deixaram de ser punidos com prisão, mas a sentença passou a depender da interpretação dada ao parágrafo segundo do artigo 28 da lei nº 11343, que estabelece que o juiz, para determinar se a droga é destinada ao consumo pessoal, analisará não apenas a natureza e a quantidade da substância apreendida, o local e as condições em que se desenvolveu a ação de apreensão, como também as circunstâncias sociais e individuais no momento da prisão. Propostas de endurecimento contra as drogas e ampliação das penas foram aprovadas recentemente, com o projeto da Lei Anticrime.

A precariedade em que vive a maioria da população negra tem como política de combate a criminalização a que está constantemente sujeita, pela negação de direitos e pelo sistema punitivo que sempre se refina e se reacomoda para manter desigualdades baseadas em hierarquias raciais.

É preciso romper a lógica de justiça vertical para construir saídas e pôr fim a esse quadro de brutal violência. É urgente pensar em processos horizontalizados, em que pessoas estejam em situações igualitárias. É preciso haver decisões locais, em que os debates sobre o que é relevante ao processo sejam levados adiante e não fiquem restritos a uma série de regramentos externos e previamente estabelecidos. É preciso pensar mais em compensação do que em retribuição. Para isso, é necessário subverter a dinâmica que defende a necessidade de infligir dor ao outro, já que, mesmo em sociedades punitivas, a pena deve ser pensada como manifestação simbólica e não no mesmo nível do ato que se considera crime. Contudo, os processos de retribuição têm ocasionado poucos efeitos práticos e soluções. Pelo contrário, têm destituído humanidades, ampliado o Estado penal, instituído a violência como a gramática corrente e comum. As penas, se não totalmente abolidas, deveriam ser os últimos recursos acionados pela justiça.

A política criminal é fruto de valores, de questões culturais e decisões políticas das sociedades. Garantir outras possibilidades de mediação de conflitos e de processos compensatórios, com reconhecimento, responsabilização, reparação e restauração, é fundamental se queremos construir outro tipo de sociedade, que reconheça diversas perspectivas e multiplicidades. Não há como fugir do desafio premente que é enfrentar e instituir práticas desencarceradoras. É absurdo pensar que, em um cenário pandêmico, pessoas em grupo de risco, sem terem cometido crimes com qualquer vestígio de violência, tenham sido mantidas presas, sem quaisquer condições sanitárias básicas. Isso é tortura. E diz mais sobre nós do que sobre os que estão presos.

É urgente reverter a lógica punitiva presente em nossas sociedades, começando por desvincular crime de castigo. Precisamos combater processos discriminatórios e excludentes, além de questionar — e de forma veemente — a colonialidade que persiste em atravessamentos de todas as nossas instituições e relações intersubjetivas.

Se uma das ferramentas do racismo é o silêncio, a prática antirracista é o grito. A busca de uma linguagem que desnaturalize essas dinâmicas é fundamental, assim como a quebra da lógica de mecanismos de defesa pautados em negação, recusa e culpa. É preciso reconhecimento e ação cotidiana em todos os âmbitos na busca incessante para desmantelar essas estruturas. A violência é o processo de aniquilamento do outro, de negação do diálogo e da política. Por isso, olhar no espelho deve ser o processo de reflexão para mudanças que promovam direitos.

Não há mais tempo para o silêncio. Não há mais tempo para manter o espelho escondido atrás da cortina. Precisamos descortiná-lo, enfrentar medos, nos perceber nessa engrenagem social que tem excluído muitos para o privilégio de poucos. Só assim vamos produzir reconhecimento, reparação e reconciliação com o que nós somos para nós mesmos e com o que nós somos como sociedade.

Considerações finais

Em geral, não elaboro considerações finais em meus textos. Procuro sempre garantir o fio da meada ainda nos capítulos, sem resumos no final. Mas se falei tanto em subverter processos, começo pela subversão do que seria uma consideração final. Escrevo-a como um registro da dificuldade em produzir essas breves reflexões em tempos de pandemia.

Em meu primeiro livro, usei como epígrafe uma frase de um conto da escritora Conceição Evaristo, na qual a personagem afirma que escrever é uma forma de sangrar. Não sei se eu tinha a dimensão profunda daquela citação naquele momento como tenho agora.

De início, pensei que bastaria reunir alguns dados e digitá-los entre palavras na tela do computador. Mas me enganei tremendamente. Primeiro, porque escrever estas páginas me envolve pessoalmente. Seja como pessoa que, por laços de amizade e afeto familiar, se relaciona com outras que já foram presas, seja como pessoa que se vê como alvo de uma política de extermínio que não começou hoje, nem ontem, e que precisa ser interrompida. Não é fácil escrever no calor dos acontecimentos, sabendo o que pessoas estão enfrentando neste momento, que é de profunda violação de direitos e violência.

Há essa ideia de escrita como um processo solitário — e pode até ser, se você pensa a escrita como produto de ideias tão somente suas e apenas para si mesmo. Mesmo que pensemos que, na hora do "vamos ver", é o escritor quem escreve, considero o processo de escrita como um diálogo constante. Essa conversa pode se dar entre o escritor e suas ideias sussurrando em sua mente; pode ser estabelecida com uma longa tradição epistêmica e analítica sobre o tema pelo qual o escritor se debruça. Mas considero que essa conversa, também, pode ser entre o escritor e uma tradição ancestral, advinda de lutas que muitas vezes não foram vertidas em documento histórico-epistêmico; bem como um diálogo com o compromisso constante de ativismos incansáveis. Por isso, acredito que a escrita deste livro só foi possível pelo diálogo que mantive com muitos colegas, amigos e amigas, companheiros e companheiras de ativismo por uma outra sociedade, livre de criminalização, sexismo, lgbtfobia, desigualdades e racismo.

Não há como romper o silêncio sobre as prisões e passar incólume. Porque romper o silêncio significa mais do que incluir dados em tabelas de Excel ou alimentar um desejo particular, já que discutir violência, segurança pública e justiça criminal são agendas "do momento" — eu tentei abordar aqui as razões disso, e elas não são nada nobres. Ao falar em romper o silêncio, estamos falando em ser o elefante em uma sala cheia de cristais e não ter medo de derrubar todos eles. Ao falar em romper o silêncio estamos falando em promover desconfortos em nós e em nosso entorno. Por isso este livro é dedicado a alguém especial para mim.

Que este ensaio seja mais uma contribuição entre tantas outras vozes que se levantam todos os dias contra injustiças. É tempo de romper silêncios, por nossas dignidades.

Referências bibliográficas

ALEXANDER, Michelle. *A nova segregação: Racismo e encarceramento em massa*. São Paulo: Boitempo, 2017.
ALMEIDA, Silvio. *Racismo estrutural*. São Paulo: Jandaíra, 2019.
BORGES, Juliana. *Encarceramento em massa*. São Paulo: Jandaíra, 2019.
____. "A quem interessa lotar as prisões?". *Revista Serrote*, n. 33, 2019.
____. "A desumanização". *piauí*, jun. 2020. Disponível em: <https://piaui.folha.uol.com.br/materia/a-desumanizacao/>. Acesso em: 19 ago. 2020.
BRAH, Avtar. *Cartografías de la diáspora: Identidades en cuestión*. Madri: Traficantes de Sueños, 2011.
BUENO, Winnie. *Imagens de controle: Um conceito do pensamento de Patricia Hill Collins*. Porto Alegre: Zouk, 2020.
CARNEIRO, Sueli. *A construção do outro como não ser como fundamento do ser*. São Paulo: FEUSP-USP, 2005. Tese (Doutorado em Educação).
CHAUI, Marilena. "Brasil: mito fundador e sociedade autoritária". In: *Manifestações ideológicas do autoritarismo brasileiro*. Belo Horizonte; São Paulo: Autêntica; Fundação Perseu Abramo, 2013.
CHRISTIE, Niels. *Uma quantidade razoável de crime*. Rio de Janeiro: Revan, 2011.
CNJ. "Recomendação 62". 17 mar. 2020. Disponível em: <https://www.cnj.jus.br/wp-content/uploads/2020/03/62-Recomenda%C3%A7%C3%A3o.pdf>. Acesso em: 19 ago. 2020.
DAVIS, Angela. *A democracia da abolição*. Rio de Janeiro: Difel, 2009.
____. *Estarão as prisões obsoletas?*. Rio de Janeiro: Difel, 2018.
DEPEN, "Relatório Infopen". Ministério da Justiça, 2020. Disponível em: <http://depen.gov.br/DEPEN/depen/sisdepen/infopen/infopen>. Acesso em: 18 ago. 2020.
FERNANDES, Florestan; BASTIDE, Roger. *Brancos e negros em São Paulo*. São Paulo: Global, 2008.
FLAUZINA, Ana Luiza. *Corpo negro caído no chão: O sistema penal e o projeto genocida do Estado brasileiro*. Brasília: UnB, 2006. Dissertação (Mestrado em Direito).
FOUCAULT, Michel. *Vigiar e punir*. Petrópolis: Vozes, 2014.
GONZALEZ, Lelia. "A categoria político-cultural da Amefricanidade". In: HOLLANDA, Heloisa Buarque de (Org.). *Pensamento feminista: Conceitos fundamentais*. Rio de Janeiro: Bazar do Tempo, 2019.

GONZALEZ, Lelia. "Por um feminismo afro-latino-americano". In: HOLLANDA, Heloisa Buarque de (Org.). *Pensamento feminista hoje: Perspectivas decoloniais*. Rio de Janeiro: Bazar do Tempo, 2020.

HAN, Byung-Chul. *Topologia da violência*. Petrópolis: Vozes, 2017.

INSTITUTE for Criminal Policy Research (ICPR). *World Prison Brief*. Disponível em: <https://www.prisonstudies.org/>. Acesso em: 19 ago. 2020.

FÓRUM Brasileiro de Segurança Pública (FBSP); Instituto de Pesquisa Econômica Aplicada (Ipea). *Atlas da violência*. 26 jun. 2017. Disponível em: <https://www.ipea.gov.br/portal/index.php?option=com_content&view=article&id=30411>. Acesso em: 19 ago. 2020.

KILOMBA, Grada. *Memórias da plantação: Episódios de racismo cotidiano*. São Paulo: Cobogó, 2019.

LUGONES, Maria. "Colonialidade e gênero". In: HOLLANDA, Heloisa Buarque de (Org.). *Pensamento feminista hoje: Perspectivas decoloniais*. Rio de Janeiro: Bazar do Tempo, 2020.

MATIAS, Tatiane Leite Lima. "Covid-19: Painel de Monitoramento dos Sistemas Prisionais". Depen, 31 jul. 2020. Disponível em: <http://depen.gov.br/DEPEN/covid-19-painel-de-monitoramento-dos-sistemas-prisionais>. Acesso em: 18 ago. 2020.

NASCIMENTO, Abdias. *O genocídio do negro brasileiro*. São Paulo: Perspectiva, 2016.

PIRES, Thula. *Criminalização do racismo: Entre política de reconhecimento e meio de legitimação do controle social dos não reconhecidos*. Rio de Janeiro: PUC, 2013. Tese (Doutorado em Direito).

_____. "Por uma concepção amefricana de direitos humanos". In: HOLLANDA, Heloisa Buarque de (Org.). *Pensamento feminista hoje: Perspectivas decoloniais*. Rio de Janeiro: Bazar do Tempo, 2020.

RATTS, Alex. *Eu sou Atlântica: Sobre a trajetória de vida de Beatriz Nascimento*. São Paulo: Imprensa Oficial, 2006.

REIS, Vilma. *Atucaiados pelo Estado: As políticas de segurança pública implementadas nos bairros populares de Salvador e suas representações de 1991 a 2001*. Salvador: UFBA, 2005. Dissertação (Mestrado em Ciências Sociais).

SAAD, Luísa. *Fumo de negro: A criminalização da maconha no pós-abolição*. Salvador: Edufba, 2019.

SCHWARCZ, Lilia M. *Sobre o autoritarismo brasileiro*. São Paulo: Companhia das Letras, 2019.

_____; STARLING, Heloisa M. *Brasil: uma biografia*. São Paulo: Companhia das Letras, 2014.

ZAFFARONI, Eugênio R. *El enemigo en el derecho penal*. Buenos Aires: Ediar, 2012.

WACQUANT, Loïc. *Punir os pobres: A nova gestão da miséria nos Estados Unidos*. Rio de Janeiro: Revan, 2003.

Sobre a autora

Juliana Borges, escritora, estuda política criminal e relações raciais. É consultora do Núcleo de Enfrentamento, Monitoramento e Memória de Combate à Violência da OAB-SP e conselheira da Iniciativa Negra por uma Nova Política sobre Drogas. Foi secretária adjunta de Políticas para as Mulheres e assessora especial da Secretaria do Governo Municipal da Prefeitura de São Paulo (2013-6). Autora do livro *Encarceramento em massa* (2019).

© Juliana Borges, 2020

Todos os direitos desta edição reservados à Todavia.

Grafia atualizada segundo o Acordo Ortográfico da Língua Portuguesa de 1990, que entrou em vigor no Brasil em 2009.

capa
Todavia
composição
Manu Vasconcelos
revisão
Huendel Viana

Dados Internacionais de Catalogação na Publicação (CIP)
— —
Borges, Juliana (1982-)
Prisões: Espelhos de nós: Juliana Borges
São Paulo: Todavia, 1ª ed., 2020
56 páginas

ISBN 978-65-5692-040-5

1. Prisões 2. Aspectos sociais 3. Racismo
4. Covid-19 5. Coleção 2020 I. Título

CDD 365
— —
Índice para catálogo sistemático:
1. Prisões: Aspectos sociais 365

todavia
Rua Luís Anhaia, 44
05433.020 São Paulo SP
T. 55 11 3094 0500
www.todavialivros.com.br

fonte
Register*
papel
Pólen soft 80 g/m²
impressão
Meta Brasil